PEI

ANTIQUE & COLLECTIBLE

Record Book

The personal record of ______________________________

This handy pictorial personal record book is an invaluable aid to every collector. The information will be treasured for years to come by you the collector, as well as your children and children's children. In case of fire or theft you will have the perfect insurance claim records complete with photos and all necessary information. Keeping this book current will be a joy and add satisfaction to your hobby – may we suggest you keep a separate book on each catagory of your hobby or each room of your home.

Additional copies of this book may be ordered from:

COLLECTOR BOOKS
P.O. Box 3009
Paducah, KY 42002-3009

@ $2.95. Add $1.00 for postage and handling

Printed by IMAGE GRAPHICS, INC., Paducah, Kentucky

PHOTO

ITEM ____________________

ESTIMATED DATE OF ORIGIN ____________________

IDENTIFYING MARKS ____________________

____

WHERE ACQUIRED ____________________

DATE OF AQUISITION ____________ *COST* ____________

APPRAISED VALUE ____________________

HISTORY ____________________

____

____

OTHER COMMENTS ____________________

____

____

ITEM ______________________________

ESTIMATED DATE OF ORIGIN ______________________________

IDENTIFYING MARKS ______________________________

____

WHERE ACQUIRED ______________________________

DATE OF AQUISITION ______________ *COST* ______________

APPRAISED VALUE ______________________________

HISTORY ______________________________

____

____

OTHER COMMENTS ______________________________

____

____

PHOTO

PHOTO

ITEM ______________________________

ESTIMATED DATE OF ORIGIN ______________________________

IDENTIFYING MARKS ______________________________

____

WHERE ACQUIRED ______________________________

DATE OF AQUISITION ____________ *COST* ______________________________

APPRAISED VALUE ______________________________

HISTORY ______________________________

____

____

OTHER COMMENTS ______________________________

____

____

ITEM ____________________

ESTIMATED DATE OF ORIGIN ____________________

IDENTIFYING MARKS ____________________

____

WHERE ACQUIRED ____________________

DATE OF AQUISITION ____________ *COST* ____________

APPRAISED VALUE ____________________

HISTORY ____________________

____

____

OTHER COMMENTS ____________________

____

____

PHOTO

PHOTO

ITEM ______________________________

ESTIMATED DATE OF ORIGIN ______________________________

IDENTIFYING MARKS ______________________________

____

WHERE ACQUIRED ______________________________

DATE OF AQUISITION ______________ *COST* ______________

APPRAISED VALUE ______________________________

HISTORY ______________________________

____

____

OTHER COMMENTS ______________________________

____

____

ITEM ________________________________

ESTIMATED DATE OF ORIGIN ________________________________

IDENTIFYING MARKS ________________________________

____

WHERE ACQUIRED ________________________________

DATE OF AQUISITION ______________ COST ______________

APPRAISED VALUE ________________________________

HISTORY ________________________________

____

____

OTHER COMMENTS ________________________________

____

____

PHOTO

PHOTO

ITEM ______________________________

ESTIMATED DATE OF ORIGIN ______________________________

IDENTIFYING MARKS ______________________________

____

WHERE ACQUIRED ______________________________

DATE OF AQUISITION ____________ *COST* ______________________________

APPRAISED VALUE ______________________________

HISTORY ______________________________

____

____

OTHER COMMENTS ______________________________

____

____

ITEM

ESTIMATED DATE OF ORIGIN

IDENTIFYING MARKS

WHERE ACQUIRED

DATE OF AQUISITION *COST*

APPRAISED VALUE

HISTORY

OTHER COMMENTS

PHOTO

PHOTO

ITEM __________

ESTIMATED DATE OF ORIGIN __________

IDENTIFYING MARKS __________

____

WHERE ACQUIRED __________

DATE OF AQUISITION __________ *COST* __________

APPRAISED VALUE __________

HISTORY __________

____

____

OTHER COMMENTS __________

____

____

ITEM ______________________________

ESTIMATED DATE OF ORIGIN ______________________________

IDENTIFYING MARKS ______________________________

____

WHERE ACQUIRED ______________________________

DATE OF AQUISITION ______________ COST ______________

APPRAISED VALUE ______________________________

HISTORY ______________________________

____

____

OTHER COMMENTS ______________________________

____

____

PHOTO

PHOTO

ITEM ______________________________

ESTIMATED DATE OF ORIGIN ______________________________

IDENTIFYING MARKS ______________________________

____

WHERE ACQUIRED ______________________________

DATE OF AQUISITION ____________ *COST* ______________

APPRAISED VALUE ______________________________

HISTORY ______________________________

____

____

OTHER COMMENTS ______________________________

____

____

ITEM ______________________________

ESTIMATED DATE OF ORIGIN ______________________________

IDENTIFYING MARKS ______________________________

____

WHERE ACQUIRED ______________________________

DATE OF AQUISITION ____________ *COST* ____________

APPRAISED VALUE ______________________________

HISTORY ______________________________

____

____

OTHER COMMENTS ______________________________

____

____

PHOTO

PHOTO

ITEM ______________________________

ESTIMATED DATE OF ORIGIN ______________________________

IDENTIFYING MARKS ______________________________

____

WHERE ACQUIRED ______________________________

DATE OF AQUISITION ____________ *COST* ______________

APPRAISED VALUE ______________________________

HISTORY ______________________________

____

____

OTHER COMMENTS ______________________________

____

____

ITEM ______________________________

ESTIMATED DATE OF ORIGIN ______________________________

IDENTIFYING MARKS ______________________________

____

WHERE ACQUIRED ______________________________

DATE OF AQUISITION ______________ *COST* ______________

APPRAISED VALUE ______________________________

HISTORY ______________________________

____

____

OTHER COMMENTS ______________________________

____

____

PHOTO

PHOTO

ITEM ______________________________

ESTIMATED DATE OF ORIGIN ______________________________

IDENTIFYING MARKS ______________________________

____

WHERE ACQUIRED ______________________________

DATE OF AQUISITION ______________ *COST* ______________

APPRAISED VALUE ______________________________

HISTORY ______________________________

____

____

OTHER COMMENTS ______________________________

____

____

ITEM ______________________________

ESTIMATED DATE OF ORIGIN ______________________________

IDENTIFYING MARKS ______________________________

____

WHERE ACQUIRED ______________________________

DATE OF AQUISITION ______________ COST ______________

APPRAISED VALUE ______________________________

HISTORY ______________________________

____

____

OTHER COMMENTS ______________________________

____

____

PHOTO

PHOTO

ITEM ______________________________

ESTIMATED DATE OF ORIGIN ______________________________

IDENTIFYING MARKS ______________________________

____

WHERE ACQUIRED ______________________________

DATE OF AQUISITION ______________ *COST* ______________

APPRAISED VALUE ______________________________

HISTORY ______________________________

____

____

OTHER COMMENTS ______________________________

____

____

ITEM ______________________________

ESTIMATED DATE OF ORIGIN ______________________________

IDENTIFYING MARKS ______________________________

____

WHERE ACQUIRED ______________________________

DATE OF AQUISITION ____________ *COST* ____________

APPRAISED VALUE ______________________________

HISTORY ______________________________

____

____

OTHER COMMENTS ______________________________

____

____

PHOTO

PHOTO

ITEM ____________________

ESTIMATED DATE OF ORIGIN ____________________

IDENTIFYING MARKS ____________________

____

WHERE ACQUIRED ____________________

DATE OF AQUISITION __________ *COST* __________

APPRAISED VALUE ____________________

HISTORY ____________________

____

____

OTHER COMMENTS ____________________

____

____

ITEM ______________________________

ESTIMATED DATE OF ORIGIN ______________________________

IDENTIFYING MARKS ______________________________

____

WHERE ACQUIRED ______________________________

DATE OF AQUISITION ______________ *COST* ______________

APPRAISED VALUE ______________________________

HISTORY ______________________________

____

____

OTHER COMMENTS ______________________________

____

____

PHOTO

PHOTO

ITEM ______________________________

ESTIMATED DATE OF ORIGIN ______________________________

IDENTIFYING MARKS ______________________________

____

WHERE ACQUIRED ______________________________

DATE OF AQUISITION ____________ *COST* ______________________________

APPRAISED VALUE ______________________________

HISTORY ______________________________

____

____

OTHER COMMENTS ______________________________

____

____

ITEM ____

ESTIMATED DATE OF ORIGIN ________________________

IDENTIFYING MARKS ____________________________

____

WHERE ACQUIRED ______________________________

DATE OF AQUISITION ____________ *COST* ____________

APPRAISED VALUE _____________________________

HISTORY _____________________________________

____

____

OTHER COMMENTS ______________________________

____

____

PHOTO

PHOTO

ITEM ____

ESTIMATED DATE OF ORIGIN __________________________

IDENTIFYING MARKS ______________________________

____

WHERE ACQUIRED ________________________________

DATE OF AQUISITION __________ *COST* __________________

APPRAISED VALUE _______________________________

HISTORY ______________________________________

____

____

OTHER COMMENTS _______________________________

____

____

ITEM ______________________________

ESTIMATED DATE OF ORIGIN ______________________________

IDENTIFYING MARKS ______________________________

____

WHERE ACQUIRED ______________________________

DATE OF AQUISITION ______________ *COST* ______________

APPRAISED VALUE ______________________________

HISTORY ______________________________

____

____

OTHER COMMENTS ______________________________

____

____

PHOTO

PHOTO

ITEM ______________________________

ESTIMATED DATE OF ORIGIN ______________________________

IDENTIFYING MARKS ______________________________

____

WHERE ACQUIRED ______________________________

DATE OF AQUISITION ____________ *COST* ______________________________

APPRAISED VALUE ______________________________

HISTORY ______________________________

____

____

OTHER COMMENTS ______________________________

____

____

ITEM ____________________

ESTIMATED DATE OF ORIGIN ____________________

IDENTIFYING MARKS ____________________

____

WHERE ACQUIRED ____________________

DATE OF AQUISITION __________ *COST* __________

APPRAISED VALUE ____________________

HISTORY ____________________

____

____

OTHER COMMENTS ____________________

____

____

PHOTO

PHOTO

ITEM ______________________________

ESTIMATED DATE OF ORIGIN ______________________________

IDENTIFYING MARKS ______________________________

____

WHERE ACQUIRED ______________________________

DATE OF AQUISITION ______________ *COST* ______________

APPRAISED VALUE ______________________________

HISTORY ______________________________

____

____

OTHER COMMENTS ______________________________

____

____

ITEM ______________________________

ESTIMATED DATE OF ORIGIN ______________________________

IDENTIFYING MARKS ______________________________

____

WHERE ACQUIRED ______________________________

DATE OF AQUISITION ______________ *COST* ______________

APPRAISED VALUE ______________________________

HISTORY ______________________________

____

____

OTHER COMMENTS ______________________________

____

____

PHOTO

PHOTO

ITEM ______________________________

ESTIMATED DATE OF ORIGIN ______________________________

IDENTIFYING MARKS ______________________________

____

WHERE ACQUIRED ______________________________

DATE OF AQUISITION ______________ *COST* ______________

APPRAISED VALUE ______________________________

HISTORY ______________________________

____

____

OTHER COMMENTS ______________________________

____

____

ITEM ______________________________

ESTIMATED DATE OF ORIGIN ______________________________

IDENTIFYING MARKS ______________________________

____

WHERE ACQUIRED ______________________________

DATE OF AQUISITION ______________ *COST* ______________

APPRAISED VALUE ______________________________

HISTORY ______________________________

____

____

OTHER COMMENTS ______________________________

____

____

PHOTO

PHOTO

ITEM ______________________________

ESTIMATED DATE OF ORIGIN ______________________________

IDENTIFYING MARKS ______________________________

____

WHERE ACQUIRED ______________________________

DATE OF AQUISITION ____________ *COST* ______________________________

APPRAISED VALUE ______________________________

HISTORY ______________________________

____

____

OTHER COMMENTS ______________________________

____

____

ITEM ______________________________

ESTIMATED DATE OF ORIGIN ______________________________

IDENTIFYING MARKS ______________________________

____

WHERE ACQUIRED ______________________________

DATE OF AQUISITION ______________ *COST* ______________

APPRAISED VALUE ______________________________

HISTORY ______________________________

____

____

OTHER COMMENTS ______________________________

____

____

PHOTO

PHOTO

ITEM ____________________

ESTIMATED DATE OF ORIGIN ____________________

IDENTIFYING MARKS ____________________

____

WHERE ACQUIRED ____________________

DATE OF AQUISITION __________ *COST* __________

APPRAISED VALUE ____________________

HISTORY ____________________

____

____

OTHER COMMENTS ____________________

____

____

ITEM ______________________________

ESTIMATED DATE OF ORIGIN ______________________________

IDENTIFYING MARKS ______________________________

____

WHERE ACQUIRED ______________________________

DATE OF AQUISITION ______________ *COST* ______________

APPRAISED VALUE ______________________________

HISTORY ______________________________

____

____

OTHER COMMENTS ______________________________

____

____

PHOTO

PHOTO

ITEM ______________________________

ESTIMATED DATE OF ORIGIN ______________________________

IDENTIFYING MARKS ______________________________

____

WHERE ACQUIRED ______________________________

DATE OF AQUISITION ____________ *COST* ______________________________

APPRAISED VALUE ______________________________

HISTORY ______________________________

____

____

OTHER COMMENTS ______________________________

____

____

ITEM ____________________________________

ESTIMATED DATE OF ORIGIN ________________________

IDENTIFYING MARKS ____________________________

____

WHERE ACQUIRED ______________________________

DATE OF AQUISITION __________ *COST* _______________

APPRAISED VALUE ______________________________

HISTORY ____________________________________

____

____

OTHER COMMENTS ______________________________

____

____

PHOTO

PHOTO

ITEM ____________________

ESTIMATED DATE OF ORIGIN ____________________

IDENTIFYING MARKS ____________________

____

WHERE ACQUIRED ____________________

DATE OF AQUISITION __________ *COST* __________

APPRAISED VALUE ____________________

HISTORY ____________________

____

____

OTHER COMMENTS ____________________

____

____

ITEM ______________________________

ESTIMATED DATE OF ORIGIN ______________________________

IDENTIFYING MARKS ______________________________

____

WHERE ACQUIRED ______________________________

DATE OF AQUISITION ______________ *COST* ______________

APPRAISED VALUE ______________________________

HISTORY ______________________________

____

____

OTHER COMMENTS ______________________________

____

____

PHOTO

PHOTO

ITEM ______________________________

ESTIMATED DATE OF ORIGIN ______________________________

IDENTIFYING MARKS ______________________________

____

WHERE ACQUIRED ______________________________

DATE OF AQUISITION ____________ *COST* ______________________________

APPRAISED VALUE ______________________________

HISTORY ______________________________

____

____

OTHER COMMENTS ______________________________

____

____

ITEM ____

ESTIMATED DATE OF ORIGIN ____

IDENTIFYING MARKS ____

____

WHERE ACQUIRED ____

DATE OF AQUISITION ______________ *COST* _________________________

APPRAISED VALUE ____

HISTORY ____

____

____

OTHER COMMENTS ____

____

____

PHOTO

PHOTO

ITEM ____________________

ESTIMATED DATE OF ORIGIN ____________________

IDENTIFYING MARKS ____________________

____

WHERE ACQUIRED ____________________

DATE OF AQUISITION __________ *COST* __________

APPRAISED VALUE ____________________

HISTORY ____________________

____

____

OTHER COMMENTS ____________________

____

____

ITEM ______________________________

ESTIMATED DATE OF ORIGIN ______________________________

IDENTIFYING MARKS ______________________________

____

WHERE ACQUIRED ______________________________

DATE OF AQUISITION ______________ *COST* ______________

APPRAISED VALUE ______________________________

HISTORY ______________________________

____

____

OTHER COMMENTS ______________________________

____

____

PHOTO

PHOTO

ITEM ______________________________

ESTIMATED DATE OF ORIGIN ______________________________

IDENTIFYING MARKS ______________________________

____

WHERE ACQUIRED ______________________________

DATE OF AQUISITION ____________ *COST* ______________________________

APPRAISED VALUE ______________________________

HISTORY ______________________________

____

____

OTHER COMMENTS ______________________________

____

____

ITEM ______________________________

ESTIMATED DATE OF ORIGIN ______________________________

IDENTIFYING MARKS ______________________________

____

WHERE ACQUIRED ______________________________

DATE OF AQUISITION ______________ *COST* ______________

APPRAISED VALUE ______________________________

HISTORY ______________________________

____

____

OTHER COMMENTS ______________________________

____

____

PHOTO

PHOTO

ITEM ______________________________

ESTIMATED DATE OF ORIGIN ______________________________

IDENTIFYING MARKS ______________________________

____

WHERE ACQUIRED ______________________________

DATE OF AQUISITION ____________ *COST* ______________________________

APPRAISED VALUE ______________________________

HISTORY ______________________________

____

____

OTHER COMMENTS ______________________________

____

____

ITEM ______________________________

ESTIMATED DATE OF ORIGIN ______________________________

IDENTIFYING MARKS ______________________________

____

WHERE ACQUIRED ______________________________

DATE OF AQUISITION ______________ *COST* ______________

APPRAISED VALUE ______________________________

HISTORY ______________________________

____

____

OTHER COMMENTS ______________________________

____

____

PHOTO

PHOTO

ITEM ____________________

ESTIMATED DATE OF ORIGIN ____________________

IDENTIFYING MARKS ____________________

____

WHERE ACQUIRED ____________________

DATE OF AQUISITION __________ *COST* __________

APPRAISED VALUE ____________________

HISTORY ____________________

____

____

OTHER COMMENTS ____________________

____

____

ITEM ______________________________

ESTIMATED DATE OF ORIGIN ______________________________

IDENTIFYING MARKS ______________________________

____

WHERE ACQUIRED ______________________________

DATE OF AQUISITION ______________ *COST* ______________

APPRAISED VALUE ______________________________

HISTORY ______________________________

____

____

OTHER COMMENTS ______________________________

____

____

PHOTO

PHOTO

ITEM ____________________

ESTIMATED DATE OF ORIGIN ____________________

IDENTIFYING MARKS ____________________

____

WHERE ACQUIRED ____________________

DATE OF AQUISITION __________ *COST* __________

APPRAISED VALUE ____________________

HISTORY ____________________

____

____

OTHER COMMENTS ____________________

____

____

ITEM ______________________________

ESTIMATED DATE OF ORIGIN ______________________________

IDENTIFYING MARKS ______________________________

____

WHERE ACQUIRED ______________________________

DATE OF AQUISITION ______________ *COST* ______________

APPRAISED VALUE ______________________________

HISTORY ______________________________

____

____

OTHER COMMENTS ______________________________

____

____

PHOTO

PHOTO

ITEM ______

ESTIMATED DATE OF ORIGIN ______

IDENTIFYING MARKS ______

______

WHERE ACQUIRED ______

DATE OF AQUISITION ______ *COST* ______

APPRAISED VALUE ______

HISTORY ______

______

______

OTHER COMMENTS ______

______

______

ITEM ______________________________

ESTIMATED DATE OF ORIGIN ______________________________

IDENTIFYING MARKS ______________________________

____

WHERE ACQUIRED ______________________________

DATE OF AQUISITION ______________ *COST* ______________

APPRAISED VALUE ______________________________

HISTORY ______________________________

____

____

OTHER COMMENTS ______________________________

____

____

PHOTO

PHOTO

ITEM ____

ESTIMATED DATE OF ORIGIN ________________________

IDENTIFYING MARKS ______________________________

____

WHERE ACQUIRED _________________________________

DATE OF AQUISITION ____________ *COST* __________________

APPRAISED VALUE _________________________________

HISTORY ____

____

____

OTHER COMMENTS _________________________________

____

____

ITEM ____________________

ESTIMATED DATE OF ORIGIN ____________________

IDENTIFYING MARKS ____________________

____

WHERE ACQUIRED ____________________

DATE OF AQUISITION ____________ COST ____________

APPRAISED VALUE ____________________

HISTORY ____________________

____

____

OTHER COMMENTS ____________________

____

____

PHOTO

PHOTO

ITEM ____________________

ESTIMATED DATE OF ORIGIN ____________________

IDENTIFYING MARKS ____________________

____

WHERE ACQUIRED ____________________

DATE OF AQUISITION __________ *COST* __________

APPRAISED VALUE ____________________

HISTORY ____________________

____

____

OTHER COMMENTS ____________________

____

____

ITEM ______________________________

ESTIMATED DATE OF ORIGIN ______________________________

IDENTIFYING MARKS ______________________________

____

WHERE ACQUIRED ______________________________

DATE OF AQUISITION ______________ *COST* ______________

APPRAISED VALUE ______________________________

HISTORY ______________________________

____

____

OTHER COMMENTS ______________________________

____

____

PHOTO

PHOTO

ITEM ______________________________

ESTIMATED DATE OF ORIGIN ______________________________

IDENTIFYING MARKS ______________________________

____

WHERE ACQUIRED ______________________________

DATE OF AQUISITION ____________ *COST* ______________

APPRAISED VALUE ______________________________

HISTORY ______________________________

____

____

OTHER COMMENTS ______________________________

____

____

ITEM ____

ESTIMATED DATE OF ORIGIN ________________________

IDENTIFYING MARKS ______________________________

____

WHERE ACQUIRED ________________________________

DATE OF AQUISITION ______________ *COST* ______________

APPRAISED VALUE _______________________________

HISTORY ______________________________________

____

____

OTHER COMMENTS _______________________________

____

____

PHOTO

PHOTO

ITEM ________________________________

ESTIMATED DATE OF ORIGIN ____________________

IDENTIFYING MARKS ________________________

____

WHERE ACQUIRED ________________________

DATE OF AQUISITION __________ *COST* ______________

APPRAISED VALUE ________________________

HISTORY ______________________________

____

____

OTHER COMMENTS ________________________

____

____

ITEM ____________________

ESTIMATED DATE OF ORIGIN ____________________

IDENTIFYING MARKS ____________________

____

WHERE ACQUIRED ____________________

DATE OF AQUISITION ____________ COST ____________

APPRAISED VALUE ____________________

HISTORY ____________________

____

____

OTHER COMMENTS ____________________

____

____

PHOTO

PHOTO

ITEM ____________________

ESTIMATED DATE OF ORIGIN ____________________

IDENTIFYING MARKS ____________________

____

WHERE ACQUIRED ____________________

DATE OF AQUISITION __________ COST __________

APPRAISED VALUE ____________________

HISTORY ____________________

____

____

OTHER COMMENTS ____________________

____

____

ITEM ______________________________

ESTIMATED DATE OF ORIGIN ______________________________

IDENTIFYING MARKS ______________________________

____

WHERE ACQUIRED ______________________________

DATE OF AQUISITION ______________ *COST* ______________

APPRAISED VALUE ______________________________

HISTORY ______________________________

____

____

OTHER COMMENTS ______________________________

____

____

PHOTO

PHOTO

ITEM ____

ESTIMATED DATE OF ORIGIN __________________________

IDENTIFYING MARKS ________________________________

____

WHERE ACQUIRED __________________________________

DATE OF AQUISITION ____________ *COST* ____________________

APPRAISED VALUE __________________________________

HISTORY ____

____

____

OTHER COMMENTS __________________________________

____

____

ITEM ______________________________

ESTIMATED DATE OF ORIGIN ______________________________

IDENTIFYING MARKS ______________________________

____

WHERE ACQUIRED ______________________________

DATE OF AQUISITION ______________ *COST* ______________

APPRAISED VALUE ______________________________

HISTORY ______________________________

____

____

OTHER COMMENTS ______________________________

____

____

PHOTO

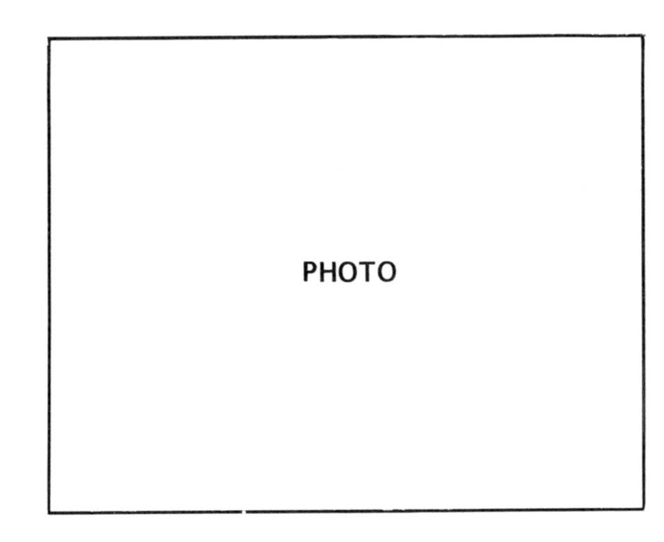

ITEM ____

ESTIMATED DATE OF ORIGIN ____________________________

IDENTIFYING MARKS ________________________________

____

WHERE ACQUIRED __________________________________

DATE OF AQUISITION ____________ *COST* ________________

APPRAISED VALUE _________________________________

HISTORY ____

____

____

OTHER COMMENTS _________________________________

____

____

ITEM ______________________________

ESTIMATED DATE OF ORIGIN ______________________________

IDENTIFYING MARKS ______________________________

____

WHERE ACQUIRED ______________________________

DATE OF AQUISITION ______________ *COST* ______________

APPRAISED VALUE ______________________________

HISTORY ______________________________

____

____

OTHER COMMENTS ______________________________

____

____

PHOTO

PHOTO

ITEM ______________________________

ESTIMATED DATE OF ORIGIN ______________________________

IDENTIFYING MARKS ______________________________

____

WHERE ACQUIRED ______________________________

DATE OF AQUISITION ____________ *COST* ______________

APPRAISED VALUE ______________________________

HISTORY ______________________________

____

____

OTHER COMMENTS ______________________________

____

____

ITEM ______________________________

ESTIMATED DATE OF ORIGIN ______________________________

IDENTIFYING MARKS ______________________________

____

WHERE ACQUIRED ______________________________

DATE OF AQUISITION ______________ *COST* ______________

APPRAISED VALUE ______________________________

HISTORY ______________________________

____

____

OTHER COMMENTS ______________________________

____

____

PHOTO

PHOTO

ITEM ________________________________

ESTIMATED DATE OF ORIGIN ____________________

IDENTIFYING MARKS ________________________

____

WHERE ACQUIRED __________________________

DATE OF AQUISITION __________ *COST* ______________

APPRAISED VALUE __________________________

HISTORY _________________________________

____

____

OTHER COMMENTS __________________________

____

____

ITEM ______________________________

ESTIMATED DATE OF ORIGIN ______________________________

IDENTIFYING MARKS ______________________________

____

WHERE ACQUIRED ______________________________

DATE OF AQUISITION ______________ *COST* ______________

APPRAISED VALUE ______________________________

HISTORY ______________________________

____

____

OTHER COMMENTS ______________________________

____

____

PHOTO

PHOTO

ITEM ____

ESTIMATED DATE OF ORIGIN ____________________________

IDENTIFYING MARKS ________________________________

____

WHERE ACQUIRED __________________________________

DATE OF AQUISITION __________ *COST* ____________________

APPRAISED VALUE __________________________________

HISTORY ____

____

____

OTHER COMMENTS __________________________________

____

____

ITEM ______________________________

ESTIMATED DATE OF ORIGIN ______________________________

IDENTIFYING MARKS ______________________________

____

WHERE ACQUIRED ______________________________

DATE OF AQUISITION ______________ COST ______________

APPRAISED VALUE ______________________________

HISTORY ______________________________

____

____

OTHER COMMENTS ______________________________

____

____

PHOTO

PHOTO

ITEM ______________________________

ESTIMATED DATE OF ORIGIN ______________________________

IDENTIFYING MARKS ______________________________

____

WHERE ACQUIRED ______________________________

DATE OF AQUISITION ____________ *COST* ______________________________

APPRAISED VALUE ______________________________

HISTORY ______________________________

____

____

OTHER COMMENTS ______________________________

____

____

ITEM ____

ESTIMATED DATE OF ORIGIN __________________________

IDENTIFYING MARKS _______________________________

____

WHERE ACQUIRED _________________________________

DATE OF AQUISITION ______________ *COST* _________________

APPRAISED VALUE ________________________________

HISTORY _______________________________________

____

____

OTHER COMMENTS ________________________________

____

____

PHOTO

PHOTO

ITEM ________________________

ESTIMATED DATE OF ORIGIN ________________________

IDENTIFYING MARKS ________________________

____

WHERE ACQUIRED ________________________

DATE OF AQUISITION ____________ *COST* ____________

APPRAISED VALUE ________________________

HISTORY ________________________

____

____

OTHER COMMENTS ________________________

____

____

ITEM ______________________________

ESTIMATED DATE OF ORIGIN ______________________________

IDENTIFYING MARKS ______________________________

____

WHERE ACQUIRED ______________________________

DATE OF AQUISITION ______________ *COST* ______________

APPRAISED VALUE ______________________________

HISTORY ______________________________

____

____

OTHER COMMENTS ______________________________

____

____

PHOTO